생활 속 우리말 탐구 사전

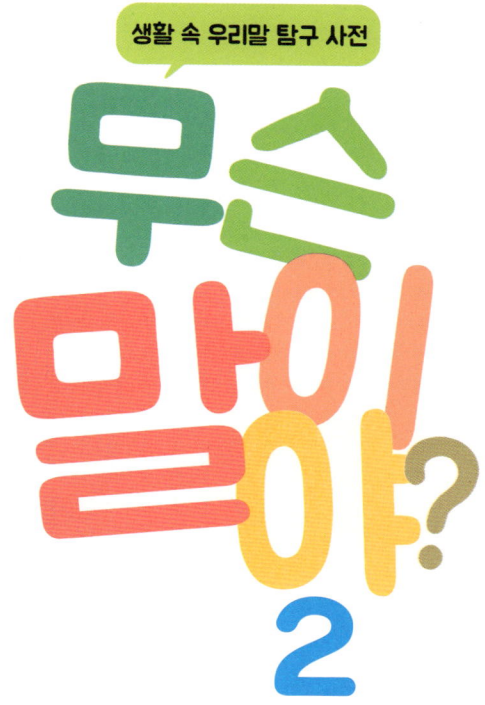

무슨 말이야? 2

허정숙 글 그림

보리

차례

1장
알쏭달쏭 우리말

까치집 · 8
두꺼비집 · 10
땅거미 · 12
잔나비 · 14
터울 · 16
목돈 · 18
흰소리 · 20
미역 · 22
가위 · 24
등골 · 26
김매다 · 28
부산하다 · 30
털털하다 · 32
거북하다 · 34
깜냥 · 36
길라잡이 · 38
마중물 · 40
디딤돌 · 42
한가위 · 44
설빔 · 46
대목 · 48
가래떡 · 50
시래기 · 52
코다리 · 54

2장
긴가민가 들어온 말

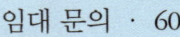

부동산 · 58
임대 문의 · 60
분양 · 62
사랑방 · 64
아울렛 · 66
무인 정산 · 68
부가세 · 70
보증금 · 72
인상 · 74
비대면 · 76
전면 등교 · 78
방역 · 80
복지 · 82
노조 · 84
보석 · 86
조기 · 88
총선, 국회의원 · 90
대변인 · 92
숙맥 · 94
귀하 · 96
땡깡 · 98
산만하다 · 100
우유부단하다 · 102
방정하다 · 104

3장
어리둥절 줄임말과 새말

두문불출하다 · 106
취사 · 108
공복, 식후 · 110
개편 · 112
표절 · 114
납량 특집 · 116
추리 · 118
낭만 · 120
레트로 · 122
견본 · 124
부대 행사 · 126
백일장 · 128
사생 대회 · 130
콩쿨 대회 · 132
세미나 · 134
편도 · 136
성수기, 비수기 · 138
동장군 · 140
신정, 구정 · 142
바자회 · 144
숫기 · 146
애간장 · 148
시쳇말 · 150
곰탕 · 152
세밑 · 154

소확행 · 158
부캐 · 160
다꾸, 인스, 떡메 · 162
가성비 · 164
덕질, 굿즈 · 166
정주행 · 168
삼귀다 · 170
스몸비 · 172
뇌피셜 · 174

개떡이의 비밀 · 176
작가의 말 · 178

까치집 · 두꺼비집

땅거미 · 잔나비 · 터울

목돈 · 흰소리 · 미역 · 가위 · 등골

김매다 · 부산하다 · 털털하다 · 거북하다

깜냥 · 길라잡이 · 마중물 · 디딤돌 · 한가위

설빔 · 대목 · 가래떡

시래기 · 코다리

1장
알쏭달쏭 우리말

까치집

두꺼비집

엄마, 아빠가 들어왔습니다

두꺼비집이 무슨 말이야?

두꺼비집은 전류가 너무 많이 흐르면 저절로 차단기가 내려가서 전기를 끊어지게 하는 안전장치야. 전기 공사를 할 때는 일부러 내리기도 해.

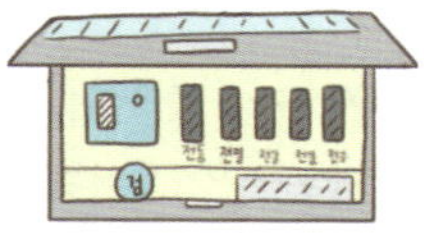

근데 왜 두꺼비집이야?

옛날 안전장치가 두꺼비랑 닮아서 그렇게 부르게 된 거야.

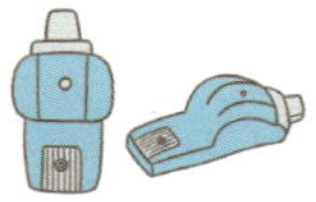

땅거미

아빠가 들어왔습니다

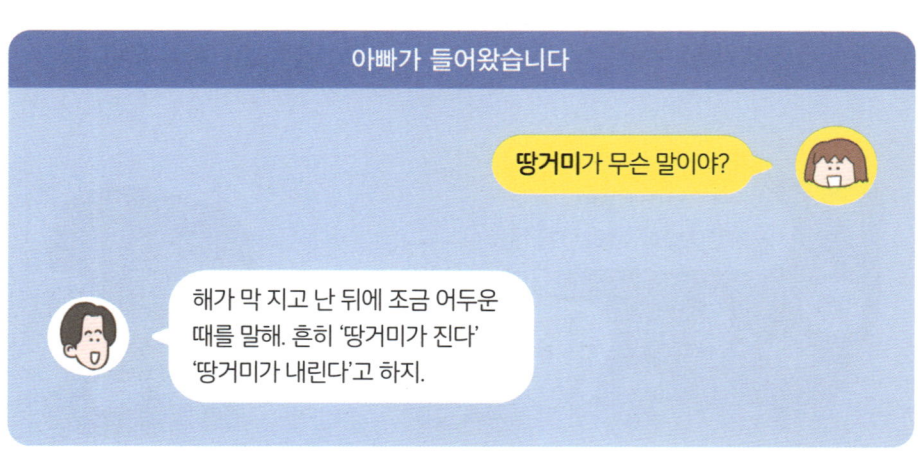

땅거미가 무슨 말이야?

해가 막 지고 난 뒤에 조금 어두운 때를 말해. 흔히 '땅거미가 진다' '땅거미가 내린다'고 하지.

잔나비

할머니, 개떡이가 들어왔습니다

잔나비가 무슨 말이야?

원숭이를 이르는 말이야. 띠를 말할 때 주로 써. 옛날에는 원숭이를 '납'이나 '나비'라고 불렀어. '납'은 날아다니는 짐승이라는 뜻이야.

 원숭이 털빛이 잿빛이라 '잿나비'라 부르던 것이 '잔나비'가 됐다고 해.

 그럼 할머니도 잔나비띠야?
 아니, 나는 꼬꼬댁 닭띠란다.
 동무라면서 왜 띠가 달라?

 사실 내가 꽃분이보다 한 살 언니야.

어렸을 때 한두 살 차이는 다 동무야.
그렇지? 순덕아.

그럼 나도 개똥이라고 불러도 돼?
김말똥, 누나한테 까불지 마!

아이들이 잔나비처럼 아주 잽싸네!
말똥이가 꽃분이를 닮았네.
호호. 호호호.

거기 서!
쭉아 오지 마.

1장 알쏭달쏭 우리말

터울

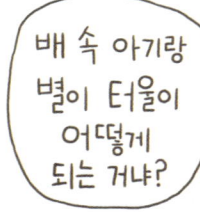

목돈

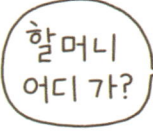

흰소리

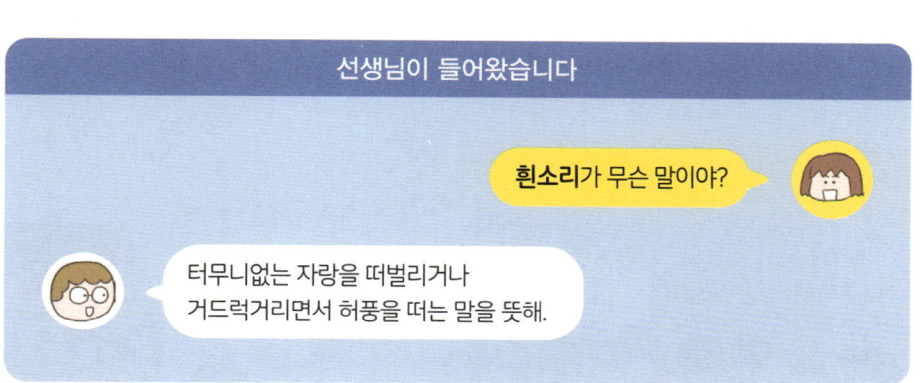

미역

할머니, 개떡이가 들어왔습니다

미역이 무슨 말이야?

강물이나 바닷물에서 몸을 씻거나 노는 일을 뜻해. 줄여서 '멱'이라고도 해.

흔히 '미역을 감는다'고 말하지.

1장 알쏭달쏭 우리말

가위

등골

선생님, 개떡이가 들어왔습니다

등골이 무슨 말이야?

 사람의 등 한가운데 좁고 길게 들어간 곳을 뜻해.
'등골이 서늘하다' '등골이 오싹하다'처럼 써.
등골이 떨릴 만큼 매우 무섭다는 말이야.

 척추뼈를 뜻하는 '등골'도 있어.
이 말은 '등골이 빠지다' '등골이 휘다'처럼
쓰는데, 몹시 힘들다는 뜻이지.

1장 알쏭달쏭 우리말

김매다

할머니가 들어왔습니다

김매다가 무슨 말이야?

논밭에 자라난 쓸모없는 풀을 뽑는다는 뜻이야. '김을 매다'로도 쓰는데 여기서 '김'은 잡풀을 뜻하고, '매다'는 잡풀을 뽑는다는 뜻이야.

부산하다

엄마가 들어왔습니다

부산하다가 무슨 말이야?

 몹시 서두르거나 떠들어서 어수선한 것을 말해.

털털하다

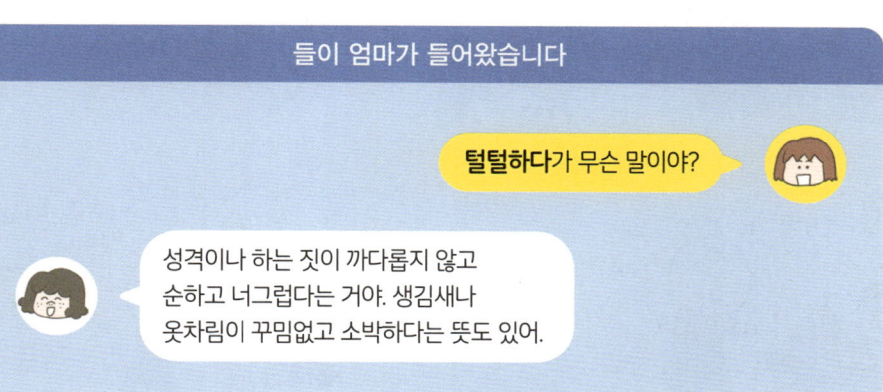

들이 엄마가 들어왔습니다

털털하다가 무슨 말이야?

성격이나 하는 짓이 까다롭지 않고 순하고 너그럽다는 거야. 생김새나 옷차림이 꾸밈없고 소박하다는 뜻도 있어.

거북하다

깜냥

길라잡이

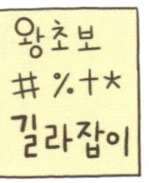

삼촌이 들어왔습니다

길라잡이가 무슨 말이야?

길을 안내하는 사람 또는 어떻게 하는지 방법을 알려 주거나 이끌어 주는 것을 뜻해. 길잡이와 같은 말이야.

조선 시대 벼슬아치가 외출할 때, 앞에서 길을 안내하던 사람을 '길나장이'라고 했는데, 이 말이 길라잡이로 바뀌었대.

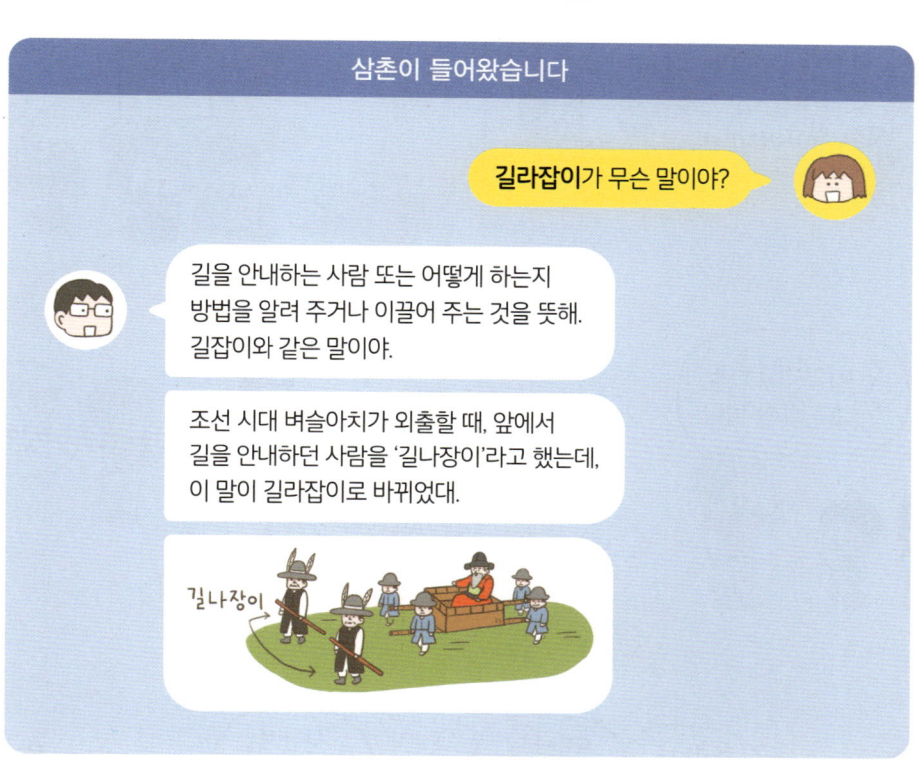

1장 알쏭달쏭 우리말

마중물

할머니, 할아버지가 들어왔습니다

마중물이 무슨 말이야?

펌프질을 할 때 물을 끌어 올리려고 위에서 붓는 물을 말해.

예전엔 수도가 없는 집이 많아서 수동 펌프로 지하수를 끌어 올려다 쓰곤 했거든.

 학교에서 쓰레기 줍기 봉사할 때 들어 본 것 같아.

 얘들아, 마중물 같은 사람이 필요하단다.

 이럴 때는 무슨 뜻이야?

어떤 일을 시작하려고 할 때 꼭 필요한 역할을 마중물에 빗대서 말하기도 해.

1장 알쏭달쏭 우리말

디딤돌

아빠, 할머니가 들어왔습니다

디딤돌이 무슨 말이야?

디디고 다니기 편하게 드문드문 깔아 놓은 평평한 돌이야. 한옥에서 편히 오르내리려고 놓는 넓적하고 평평한 돌을 말하기도 해.

어떤 일을 하는 데 바탕이 되는 것을 빗대어 이르는 말로도 쓰여.

한가위

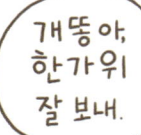

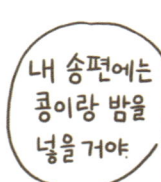

엄마, 아빠, 할머니가 들어왔습니다

 한가위가 무슨 말이야?

 음력 팔월 보름날인 추석 명절을 뜻해. '한'은 크다, '가위'는 가운데라는 뜻이야.

 가윗날, 중추절이라고도 해.

 '가위'는 신라 시대 때 음력 팔월 보름날을 앞두고, 궁중에서 벌였던 행사인 '가배'에서 온 말이라고 해.

 가윗날은 온갖 곡식이 무르익는 계절이라

 고마운 마음을 담아 조상님께 차례를 지낸단다.

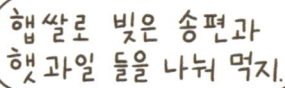 햅쌀로 빚은 송편과 햇과일 들을 나눠 먹지.

 식구가 모두 모여 오순도순 이야기도 나누고

 보름달 보며 소원도 빌어야지.

 우리도 빌 거야. 나도.

 노래대회 1등을…… 건강을! 올해는 용돈 많이! 지구의 평화! 동물들에게 행복을!

 개똥이는 무슨 소원 빌었어? 그건 비밀이야!

설빔

1장 알쏭달쏭 우리말

대목

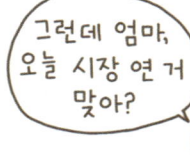

엄마가 들어왔습니다

대목이 무슨 말이야?

 명절 같은 특별한 날을 앞두고 물건이 많이 팔리는 때를 말해.

가래떡

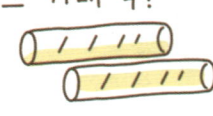

할머니, 개떡이가 들어왔습니다

가래떡이 무슨 말이야?

 둥글고 가늘게 뽑아 알맞은 길이로 자른 흰떡을 말해. 여기서 '가래'는 떡이나 엿 따위를 둥글고 길게 늘여 만든 토막이나, 그걸 세는 단위를 뜻해.

 예전에는 빈 병 몇 개 주워 가면 엿 서너 가래와 바꿔 먹을 수 있었어.

시래기

할머니, 개떡이가 들어왔습니다

시래기가 무슨 말이야?

 무청이나 배춧잎을 말린 것을 말해. 새끼 같은 것으로 엮어 말린 다음, 볶아 먹거나 국을 끓일 때 써.

 여기서 무청은 무의 잎과 줄기를 뜻해. 새끼는 짚을 꼬아 줄처럼 만든 거야.

코다리

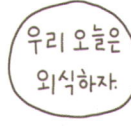    

개떡이가 들어왔습니다

코다리가 무슨 말이야?

 내장을 빼고 반쯤 말린 명태를 '코다리'라고 해.

 명태를 얼리면 동태, 완전히 말리면 북어, 또 명태의 새끼는 노가리라고 해.

 아 참! 얼고 녹기를 반복하며 서서히 말린 명태는 황태야.

명태는 이름이 정말 많구나.

1장 알쏭달쏭 우리말

부동산 · 임대 문의

분양 · 사랑방 · 아울렛

무인 정산 · 부가세 · 보증금 · 인상 · 비대면

전면 등교 · 방역 · 복지 · 노조 · 보석 · 조기

총선, 국회의원 · 대변인 · 숙맥 · 귀하 · 떼깡

산만하다 · 우유부단하다 · 방정하다 · 두문불출하다

취사 · 공복, 식후 · 개편 · 표절 · 납량 특집 · 추리

낭만 · 레트로 · 견본 · 부대 행사 · 백일장

사생 대회 · 콩쿨 대회 · 세미나 · 편도

성수기, 비수기 · 동장군 · 신정, 구정

바자회 · 숫기 · 애간장 · 시쳇말

곰탕 · 세밑

2장
긴가민가 들어온 말

부동산

선생님이 들어왔습니다

 부동산이 무슨 말이야?

 땅이나 집처럼 다른 곳으로 옮길 수 없는 재산을 뜻해. 반대로 돈, 보석, 자동차 들처럼 가지고 다니거나 옮길 수 있는 재산은 동산이라고 해.

 길에서 부동산이 적힌 간판을 많이 봤어. 거기는 뭐 하는 곳이야?

 정확한 이름은 '부동산 중개 사무소'야. '복덕방'이라고도 해. 부동산을 사거나 빌리려는 사람과, 팔거나 빌려줄 사람을 이어 주는 일을 하는 곳이야.

임대 문의

삼촌이 들어왔습니다

임대 문의가 무슨 말이야?

'임대'는 건물이나 물건 같은 것을 돈을 받고 빌려준다는 말이야. '문의'는 어떤 일을 묻고 의논하는 걸 말하지.

그러니까 '임대 문의'는 건물이나 물건을 빌리고 싶은 사람은 아래 연락처로 물어보라는 뜻이야. 가게나 사무실을 내놓을 때 많이 써서 붙여.

크크.

삼촌, 이제 책방 안 하는 거야?

삼촌도 오래 하고 싶은데 요즘 손님이 너무 없네.

삼촌, 우리가 쓴 것도 같이 붙여 줘.

산이가 간식이라고 썼대요.

히히.

책은 마음의 간식 재미난 책이 가득… 책방 닫기 전에…

책은 마음의 ~~간식~~ 양식
재미난 책이 가득해요.
책방 닫기 전에 꼭 오세요.

분양

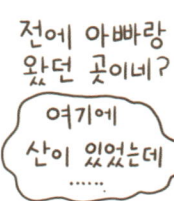

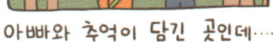

삼촌, 개떡이가 들어왔습니다

 분양이 무슨 말이야?

 땅이나 건물을 여럿에게 나누어 파는 것을 말해. 넓은 땅을 나누어 텃밭으로 빌려줄 때도 분양한다고 해.

 반려동물이 낳은 새끼들을 다른 집으로 보낼 때도 분양한다고 해.

사랑방

아울렛 🛍️

엄마, 개떡이가 들어왔습니다

아울렛이 무슨 말이야?

유행이 지나거나 지난해에 팔고 남은 상품을 한곳에 모아 싸게 파는 할인점을 말해. 1930년대 미국에서 처음 생겼어. 처음에는 공장 옆에 가게를 열어서 조금 문제가 있는 상품들을 직원들에게 싸게 파는 곳이었대.

무인 정산

개떡이가 들어왔습니다

무인 정산이 무슨 말이야?

 '무인'은 사람이 없다는 뜻이고, '정산'은 정확하게 계산한다는 뜻이야. 사람 없이 기계를 통해 돈을 내는 걸 말해.

 요즘 주차장, 주유소, 식당에서 많이 볼 수 있어.

2장 긴가민가 들어온 말　69

부가세

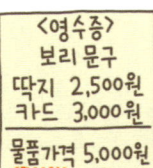

주인아저씨, 개떡이가 들어왔습니다.

부가세가 무슨 말이야?

 '부가가치세'를 줄인 말로 사람들이 물건이나 서비스를 살 때 나라에 내는 세금이야. 물건값에서 10퍼센트를 세금으로 내야 해.

보통 물건값을 말할 때 세금까지 쳐서 이야기하니까 평소 우리가 잘 느끼지 못해.

 가공하지 않은 곡물, 채소, 과일 같은 식료품이나 책, 신문, 잡지에는 부가세가 없어.

보증금 🔒🗝

안내원, 개떡이가 들어왔습니다

보증금이 무슨 말이야?

 계약을 하거나 물건을 빌릴 때 약속을 꼭 지킨다는 뜻으로 미리 내는 돈이야.

인상

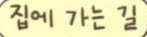

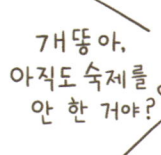

엄마, 아빠가 들어왔습니다

인상이 무슨 말이야?

'인상'에는 여러 가지 뜻이 있어. 사람의 얼굴 생김새나 표정, 또 어떤 것을 보거나 겪은 뒤에 마음에 새겨진 느낌을 뜻해.

그리고 요금, 월급, 용돈, 물건값 들을 올리는 것을 말하기도 하지.

비대면

아빠가 들어왔습니다

 비대면이 무슨 말이야?

 '대면'의 반대말이야. '대면'이 만나서 얼굴을 마주한다는 뜻이니까 '비대면'은 서로 직접 만나지 않는 것을 뜻해. 이를테면 화상 전화나 인터넷을 통해 사람들을 만나는 거야.

'언택트'라는 말도 같은 뜻으로 쓰는데 우리나라에서 만든 영어 낱말이래.

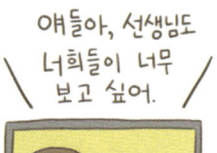

전면 등교

교장 선생님이 들어왔습니다

전면 등교가 무슨 말이야?

 '전면'은 모든 면 또는 모든 것을 뜻해. '등교'는 알다시피 학교에 간다는 뜻이야.

방역

교장 선생님이 들어왔습니다

방역이 무슨 말이야?

돌림병이 생기거나 퍼지지 못하게 미리 막는 것을 말해. 돌림병을 일으키는 세균이나 바이러스를 없애기 위해 구석구석 소독약 뿌리는 일을 하는 거야.

선생님 어렸을 때는 소독차가 동네를 돌아다니면서 소독을 했지. 와, 소독차다

엄마한테 들었어요.

나 알아요.

난 며칠 전에 할머니 동네에서 소독차 봤어요.

우린 안 따라 다니는데. ㅋㅋ

참, 너희들! 오늘 학교 나오면 안 된다고 했을 텐데.

그, 그게 너무 궁금해서요. 헤헤.

빵엿이 있는 줄 알고

제가 안 된다고 했는데……

교장 선생님, 꼼꼼히 방역했으니 마음 놓으세요.

오늘 다들 고생 하셨어요.

고맙습니다.

아깐 죄송했어요.

2장 긴가민가 들어온 말

복지

개떡이가 들어왔습니다

 복지가 무슨 말이야?

 행복하게 사는 것을 말해. 사람들이 행복하게 살 수 있도록 사회가 보살피는 일은 '사회 복지'라고 하지.

사람은 누구나 행복하게 살 권리가 있어. 나라에서는 여러 사회 복지 제도를 만들어서 그 권리를 지켜 줘야 해.

어린이 사회 복지관은 어린이의 행복을 위해 마련된 곳이에요.

노조

아빠가 들어왔습니다

노조가 무슨 말이야?

 '노동조합'을 줄인 말이야. 노동자들이 자기들 지위나 임금, 일하는 환경 들을 나아지게 하려고 모여서 만든 단체지.

회사에서 노동자는 경영자보다 힘이 약하기 때문에 여러 노동자들이 함께 힘을 모은 거야.

노동조합에서는 무슨 일을 해?

 노동자를 대표해서 경영자와 협상을 해. 정당한 임금을 받고, 일하기 좋은 환경을 만들려고 노력하지.

보석

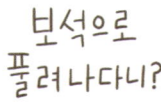

아빠가 들어왔습니다

보석이 무슨 말이야?

 구치소에 갇혀서 재판을 기다리던 사람을 보증금을 받고 풀어 주는 일이야.

조기

아빠가 들어왔습니다.

조기가 무슨 말이야?

 슬퍼하는 마음을 나타내려고 다는 깃발이야.
깃발 세로 길이만큼 깃대에 내려서
달거나 깃봉 아래에 검은 헝겊을 달아.

현충일이나 나라에 큰 장례가 있을 땐
태극기를 조기로 달아야 해.

 조기는 다른 한자말로 '아침 일찍 일어나는 것'이란 뜻도 있어.

 아빠가 주말 아침에 하는 건 조기 축구지?

 내가 좋아하는 생선 조기도 있단다.

 우리 얼른 밥 먹고 나라를 지키려고 목숨을 바친 분들께 묵념해요.

6월 6일 현충일 오전 10시에 1분 동안 함께 묵념해요.

고맙습니다.
잊지 않을게요.

총선, 국회의원

엄마, 아빠가 들어왔습니다

총선이 무슨 말이야?

 '총선거'를 줄인 말이야. 국회의원을 한꺼번에 모두 뽑는 선거를 말해.

국회의원은 무슨 말인데?

 국민을 대표해 법을 만드는 사람들이야. 국민이 직접 뽑은 대표들이니 반장과 비슷하지.

 국회의원들은 국회의사당이란 곳에 모여서 회의를 해.

대변인

개떡이, 할머니가 들어왔습니다

대변인이 무슨 말이야?

 어떤 사람이나 단체를 대신해서 뜻을 전하는 사람이야.

 대신해서 뜻을 말하는 걸 '대변한다'고 하거든.

2장 긴가민가 들어온 말

숙맥

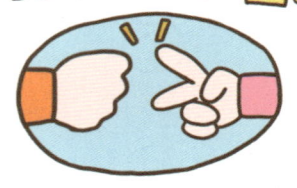

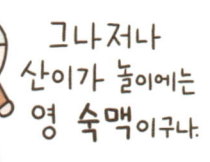

귀하

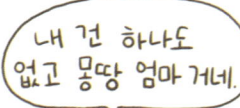

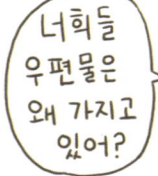

엄마, 할머니가 들어왔습니다

귀하가 무슨 말이야?

편지 같은 우편물에서 받는 사람을 높이는 뜻으로 이름 뒤에 붙이는 말이야.

그러고 보니 할머니랑 아빠 이름 뒤에도 귀하가 있어.

또 남을 높여 부르는 말로 따로 쓰기도 해.

떙깡

할머니가 들어왔습니다

뗑깡이 무슨 말이야?

 우리가 흔히 간질이라고 부르는 병인 '뇌전증'을 가리키는 일본 말이야.

그래서 우리말로 바꾸어 써야 해. 상황에 따라 '떼', '억지', '투정' 같은 말을 쓰면 돼.

 일본 말이기 때문이기도 하지만 뇌전증 환자를 비하하는 말이기도 해서 더욱 쓰면 안 돼.

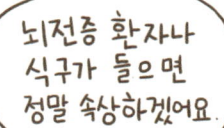 뇌전증 환자나 식구가 들으면 정말 속상하겠어요. 저도 몰랐어요.

 별아!

 과자는 밥 먹고 먹자. 생떼 부리지 말고 언니 줄래? 까까, 내 꺼야

2장 긴가민가 들어온 말

산만하다

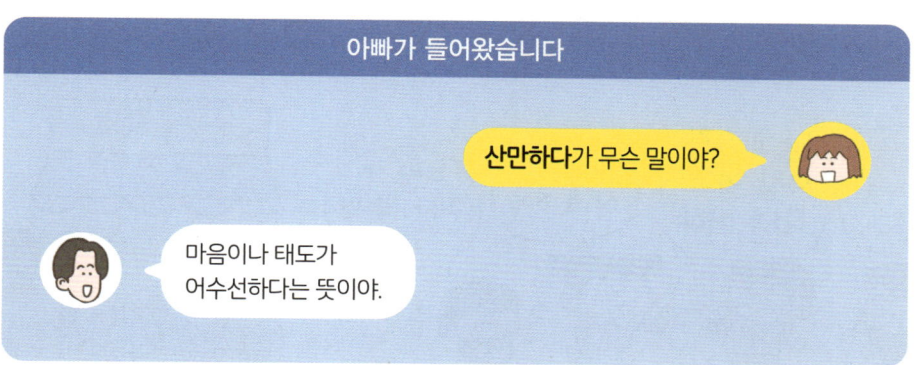

우유부단하다

주인아저씨가 들어왔습니다

우유부단하다가 무슨 말이야?

 어떻게 할지 얼른 마음먹지 못하고 우물쭈물하는 태도를 말해.

2장 긴가민가 들어온 말

방정하다

아저씨, 엄마가 들어왔습니다

방정하다가 무슨 말이야?

 말과 행동이 바르고 점잖다는 뜻을 가진 한자말이야.

 토박이말에도 '방정'이 있는데 호들갑스럽게 까부는 짓을 뜻해. '방정맞다'는 방정 떠는 느낌이 있다는 말이야.

두문불출하다

개떡이, 산이가 들어왔습니다

두문불출하다가 무슨 말이야?

 집에 틀어박힌 채 바깥에 아주 나가지 않는다는 말이야.

'두문불출'은 한자말인데 글자대로 풀이하면 '문을 막고 밖에 나가지 않는다'는 뜻이거든.

취사

공복, 식후

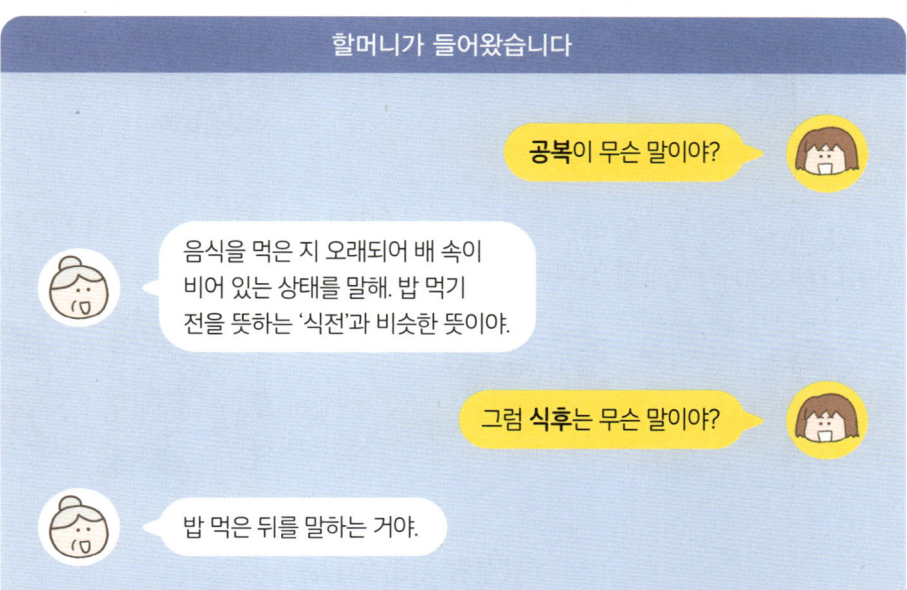

개편

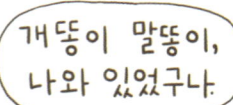

표절

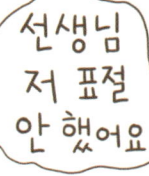

납량 특집

  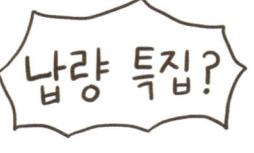 

아빠가 들어왔습니다

납량 특집이 무슨 말이야?

'납량'은 한자말인데 여름철에 더위를 피해 차갑고 시원한 기운을 느끼는 걸 뜻해.

신문, 잡지, 방송 따위에서 더위를 잊게 해 주려고 만드는 볼거리를 말하는 거야.

 아빠! 왜 이렇게 무서운 만화책을 보는 거야?  더울 때 읽으면 완전 시원해지거든.

   빌려줄까? 난 됐어. 무섭긴 하지만 그다음 내용이 궁금하긴 해. 나도.

2장 긴가민가 들어온 말

추리

엄마, 개떡이가 들어왔습니다

 추리가 무슨 말이야?

 알고 있는 사실들을 바탕으로 찬찬히 살펴서, 아직 밝혀지지 않은 것을 알아내는 걸 말해.

 더운 여름밤에 수박을 먹으면서 추리 소설이나 탐정 영화를 보면 추리하느라 더위도 잊게 돼.

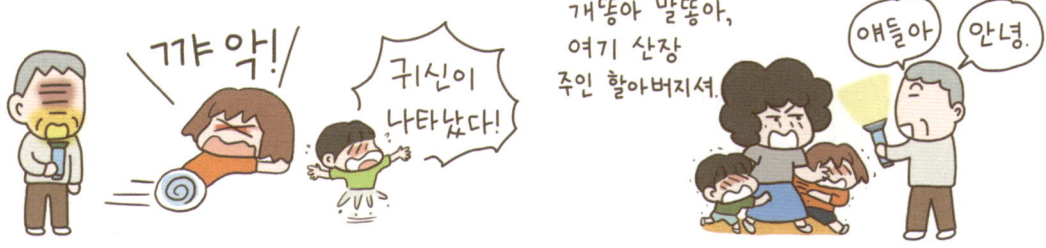

낭만

개떡이가 들어왔습니다

낭만이 무슨 말이야?

 현실을 따지기보다 마음이 가고 느끼는 대로 사람과 사물을 대하는 태도, 마음 상태, 분위기를 말해. 달콤한 분위기를 뜻하기도 하지.

'낭만'은 일본에서 만든 한자말인데 프랑스 말 '로망'을 발음이 비슷한 한자로 옮겨 쓴 거야. 이 말이 다시 우리나라에 들어와 '낭만'이 된 거지.

2장 긴가민가 들어온 말

레트로

할머니가 들어왔습니다

 레트로가 무슨 말이야?

 우리말로 '복고'라는 뜻이야.
옛날 방식이나 모습을 되살리는 것을 말해.

 뉴트로라는 말도 들어 봤어.

 복고를 새로운 문화로 즐기는 걸
'뉴트로'라고 해. 새롭다는 뜻인 '뉴(new)'와
'레트로(retro)'를 붙여서 만든 말이야.

견본

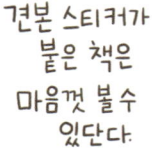

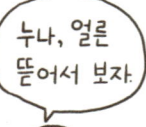

> 개떡이가 들어왔습니다
>
> **견본**이 무슨 말이야?
>
> 상품의 품질이나 모양 같은 것을 알 수 있게 본보기로 만든 물건을 말해.

부대 행사

백일장

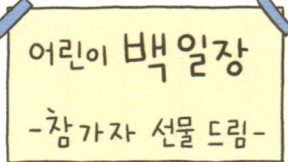  

엄마, 개떡이가 들어왔습니다

 백일장이 무슨 말이야?

 글 쓰는 솜씨를 겨루는 글쓰기 대회를 말해. 조선 시대에 여러 지방에서 열렸던 글쓰기 시험도 '백일장'이라 했대.

 그땐 달밤에 선비들끼리 시를 지으며 글솜씨를 겨루는 일이 많았어.

그런데 이 시험을 환한 대낮에 치렀기 때문에 '백일장'이라 했다는 이야기가 있어. '백일(白日)'이 한자말로 대낮이라는 뜻이거든.

사생 대회

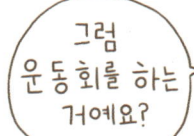   

선생님이 들어왔습니다

사생 대회가 무슨 말이야?

'사생'은 경치나 사물을 있는 그대로 그리는 일을 말해. 그러니까 '사생 대회'는 경치나 사물 그림을 누가 더 잘 그리는지 겨루는 대회야.

개똥아, 네가 밥 먹는 모습을 그리면 어떡하니?

그건 안 되나요?

사생 대회에서는 그 자리에서 보이는 것을 그려야 해. 사물이나 풍경 같은 거.

저는 제 사생활을 그리는 건 줄 알았어요. 헤헤.

무슨 말이야?

콩쿨 대회

콩쿨 대회?

큭큭. 개똥아, 콩쿨 대회는 그런 게 아니야.

들이, 개떡이가 들어왔습니다

콩쿨 대회가 무슨 말이야?

 프랑스 말로 음악, 미술, 연극, 무용 같은 재주를 여러 사람이 한데 모여 겨루는 대회를 말해.

 '콩쿨'의 바른 표기는 '콩쿠르'야.

세미나

편도

엄마가 들어왔습니다

편도가 무슨 말이야?

 가거나 오는 길 가운데 어느 한쪽으로만 가는 것을 말해. 반대로 어떤 곳에 갔다가 되돌아오는 것은 '왕복'이라고 하지.

사람 입속 양쪽 구석에 있는 이곳을
'편도샘'이라고 하는데, 다른 한자말이야.

무슨 말이야?

성수기, 비수기

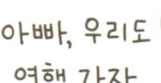 아빠, 우리도 여행 가자.
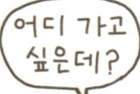 어디 가고 싶은데?
 나는 부산.
 강릉은 어떠니?

 아이고 지금은 성수기라 비행기표도 기차표도 구하기가 어려워.

 거기는 비수기에 가고
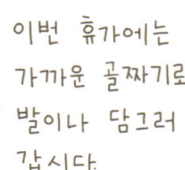 이번 휴가에는 가까운 골짜기로 발이나 담그러 갑시다.

 성수기? 비수기?
 어디서 많이 들어 본 말인데······

아빠, 엄마가 들어왔습니다

성수기가 무슨 말이야?

 어떤 것이 많이 팔리는 때, 또는 어떤 곳에 많이 가는 때를 뜻하는 말이야.

그럼 비수기는 무슨 말인데?

 어떤 물건을 사는 사람이나 어떤 곳을 찾는 사람이 적은 때를 말해.

동장군

할머니가 들어왔습니다

동장군이 무슨 말이야?

 '겨울 장군'이라는 뜻으로, 아주 매서운 겨울 추위를 빗대어 이르는 말이야. '동장군'이라는 말은 프랑스 황제 나폴레옹이 러시아 원정을 떠났을 때 생겨났어.

러시아에 쳐들어간 나폴레옹군이 겨울 추위 때문에 물러났거든.

이를 기사로 쓴 영국 기자가 '겨울 장군'이라고 표현하면서 쓰기 시작했지.

신정, 구정

할머니, 개떡이가 들어왔습니다

신정, 구정이 무슨 말이야?

 양력 1월 1일을 '신정'이라고 해.
'구정'은 음력 1월 1일,
그러니까 설날을 말해.

그런데 설날을 왜 구정이라고 해?

 일제강점기 때 일본이 양력 1월 1일을
설날로 쇠라고 강요했거든.

조선도 일본국처럼 양력설을 쇠어야 하무니다! / 싫은데.

그러면서 새롭고 좋다는 뜻을 담아 신정이라 이름 붙이고,  우리 설날인 음력설은 낡았다고 해서 구정이라고 이름 붙였어.

음력 1월 1일
새해 복 많이 받으세요. 오냐. 넙죽

하지만 우리나라 사람들은 조상 대대로 지켜 온 음력설을 쇠었대.

우리 음력설은 1989년이 되어서야 정식 '설날'로 인정받았단다.

사람들이 우리 설날을 끈질기게 지켜 낸 거네.

바자회

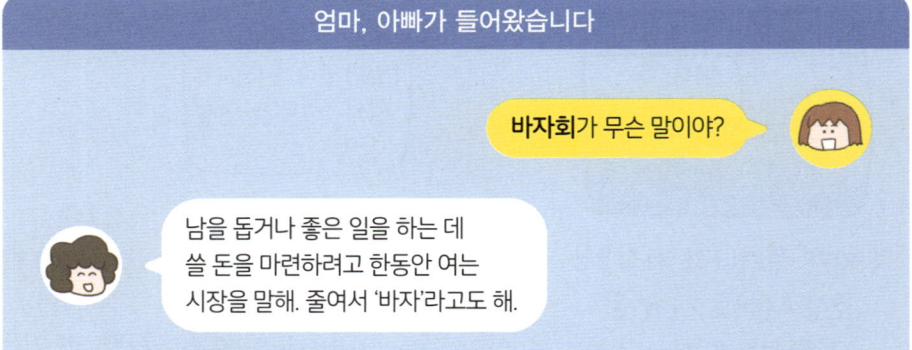

숫기

선생님이 들어왔습니다

숫기가 무슨 말이야?

 남 앞에서 수줍음을 타지 않는 성질을 말해.

개똥이는 숫기가 넘치는 어린이.

슬기는 공기놀이를 좋아한대.

슬기야. 나랑 공기놀이 할래?

저것은 아리랑꺾기! 100년! 슬기는 공기의 신이었어!

애간장

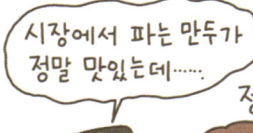

엄마, 아빠가 들어왔습니다

애간장이 무슨 말이야?

몹시 걱정하거나 불안해서 조마조마한 마음을 뜻해. 이때 '애'는 창자를 뜻하는 옛말이고, '간장'도 몸속 간과 창자를 뜻해.

'애간장이 녹다' '애간장을 태우다' '애간장을 말리다' 하는 식으로 써.

시쳇말

할머니, 개떡이가 들어왔습니다

 시쳇말이 무슨 말이야?

 어느 한때에 사람들이 많이 쓰는 말을 이르는 말이야. 비슷한 말로 '요샛말', '유행어' 들이 있어.

 사람들이 많이 쓰는 말이라는 뜻인데 왜 '시체'가 들어 있어?

 시쳇말의 '시체'가 '풍습, 유행을 따르거나 지식 따위를 받는다'는 뜻의 한자말이거든.

곰탕

할머니가 들어왔습니다

곰탕이 무슨 말이야?

쇠고기와 소 내장을 넣고 푹 고아서 끓인 탕을 말해.

'곰'은 '고다'라는 말에서 왔는데, 고기나 뼈를 물에 넣고 국물이 우러날 때까지 푹 삶는 걸 뜻하지.

내가 좋아하는 설렁탕이랑 비슷하네.

설렁탕은 소의 머리, 뼈다귀, 발 따위를 푹 삶아서 만든 국이야.

할머니, 나 한 그릇 더 주세요.

나도. 누나보다 더 많이!

일주일 뒤

할머니, 오늘도 또 곰탕이야?

곰탕은 원래 한 번에 많이 끓여서 오랫동안 먹는 거란다.

엄마 곰탕도 맛있지만······
다른 것도 먹고 싶어요.
일주일째 곰탕은 너무해.

세밑

> **할머니가 들어왔습니다**
>
> 세밑이 무슨 말이야?
>
> 한 해가 끝나는 무렵을 말해. 연말과 비슷한 말이야.
>
> 한 해 마지막 날인 섣달그믐날 밤에 잠을 자면 눈썹이 하얗게 세고, 밤을 새우면 복을 받는다고 믿는 풍습이 있어.

소확행 · 부캐
다꾸, 인스, 떡메 · 가성비
덕질, 굿즈 · 정주행 · 삼귀다
스몸비 · 뇌피셜

3장
어리둥절 줄임말과 새말

소확행

교장 선생님, 선생님이 들어왔습니다

소확행이 무슨 말이야?

 '소소하지만 확실한 행복'의 줄임말이야. 덴마크의 '휘게', 스웨덴의 '라곰', 프랑스의 '오캄'과 비슷한 뜻이지.

 말하자면 일상에서 누릴 수 있는 작은 행복을 뜻해.

부캐

이삭이가 들어왔습니다

부캐가 무슨 말이야?

 게임에서 쓰는 말로 '부캐릭터'의 줄임말이야.
본디 쓰던 자기 캐릭터 말고 새롭게 만든
두 번째 캐릭터를 부를 때 써.
요즘은 일상에서도 더러 써.

평소 내 모습이 아닌 또 다른 모습을
보여 주고 싶을 때 쓰는 말이야.

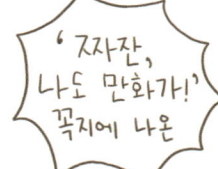
'짜잔, 나도 만화가!' 꼭지에 나온 '홍당무 박쥐'가 이삭이였구나. 이렇게 본명과 다른 작가 이름은 '필명' 이라고 해.

얘들아. 나도 필명 하나 만들까? 천사는 어때? 장미꽃은?

히히. 조잘 조잘 이삭아 아니 작가님!

이삭 작가님 다음 만화 미리 보여 줘. 너무 궁금해.

얘들아. 내 필명은 천사장미야. 다음 내용 알려 주고 가야지! 따라라라 따라라라 수업 종 쳤다.

3장 어리둥절 줄임말과 새말

다꾸, 인스, 떡메

개똥이, 들이가 들어왔습니다

다꾸, 인스, 떡메가 무슨 말이야?

다꾸는 '다이어리 꾸미기', 인스는 '인쇄 스티커', 떡메는 '떡제본이 된 메모지'를 뜻하는 줄임말이에요. 모두 다이어리를 꾸밀 때 쓰여요.

다이어리 인쇄스티커 떡메모지

그런데 떡제본은 뭐야?

'떡제본'은 종이 끝부분에만 접착제를 발라 책처럼 묶는 걸 뜻해요.

그런 거였니? 알아듣기 힘들게 왜 말을 다 줄이는 거야?

우리끼리는 잘 알아듣는데……

요즘 너희들 말은 아무리 공부해도 어려워.

그런데 이거 교장 선생님이 꾸민 다이어리예요?
손주들이 하는 걸 보다가 내가 흠뻑 빠져 버렸지 뭐냐?

교장 선생님 귀여워요.
예끼 요석들!

가성비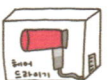

아빠, 엄마가 들어왔습니다

가성비가 무슨 말이야?

'가격 대비 성능'의 줄임말이야. 값은 비싸지 않으면서도 성능은 좋은 것을 뜻해.

또 값에 견주어 쓰면서 얼마나 만족감을 느끼는지 따지는 '가심비'라는 말도 있어.

덕질, 굿즈

할머니, 엄마가 들어왔습니다

덕질이 무슨 말이야?

좋아하는 분야에 깊이 빠져들어 관련된 것들을 모으거나 찾아보는 행위를 이르는 말이야.

굿즈라는 말도 있던데?

어떤 상표, 연예인의 이름이나 얼굴로 만든 기획 상품을 뜻하는 말이야.

정주행

아빠가 들어왔습니다

정주행이 무슨 말이야?

 본디 차나 자전거가 길을 따라 똑바로 달린다는 뜻인데, 요새는 드라마, 영화, 만화 들을 첫 회부터 마지막 회까지 차례대로 본다는 뜻으로 많이 써.

역주행이라는 말도 있던데?

 정해진 방향과 반대로 달린다는 뜻이야. 요즘은 나온 지 오래된 노래나 책이 다시 인기를 얻는 것을 말할 때 쓰기도 해.

삼귀다

개똥이가 들어왔습니다

삼귀다가 무슨 말이야?

아직 사귀는 사이는 아니지만 서로 가깝게 지낸다는 뜻을 가진 말이에요. 사귀다의 '사'를 숫자 4로 여기고, 아직 그에 미치지 못한다는 뜻으로 숫자 3으로 바꾸어 표현한 거예요.

스몸비

개똥이, 말똥이가 들어왔습니다

 스몸비가 무슨 말이야?

 스마트폰을 들여다보며 길을 걷는 사람을 일컫는 말이야. 스마트폰과 좀비를 합친 말이지.

 스마트폰을 보며 걸으면 둘레 상황을 잘 알아차리지 못하기 때문에 사고가 날 수 있어.

뇌피셜

할머니가 들어왔습니다

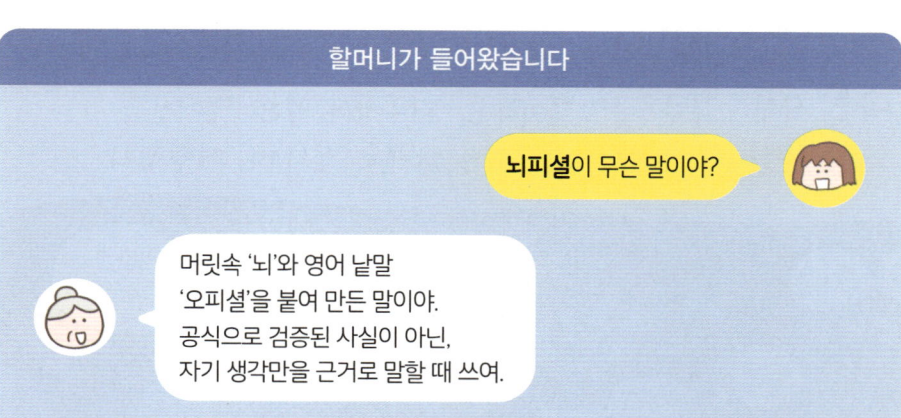

개떡이의 비밀

나는 사실 꾸쿠루쿵짝별이라는 지구에서 멀리 떨어진 별에서 왔어. 나는 이 별, 저 별을 신나게 여행했지.

작가의 말

안녕? 난 《무슨 말이야?》를 그린 만화가 허정숙이라고 해.
《무슨 말이야?》에 나온 이야기를 어떻게 만들었는지 얘기해 줄게.

아이들이 노는 모습을 보며 무슨 이야기를 하는지 귀 기울여 들어.
요즘 아이들은 어떤 말을 쓰고 또 어려워하는지 너무 궁금하거든.

길을 걸어 다닐 때 간판 구경도 자주 해.

무슨 말이야? 2
생활 속 우리말 탐구 사전
2023년 7월 17일 1판 1쇄 펴냄

글 그림 허정숙
편집 김누리, 김성재, 박은아, 이경희, 임헌
디자인 이종희
제작 심준엽
영업마케팅 나길훈, 양병희, 조진향
영업관리 안명선
새사업부 조서연
경영지원실 신종호, 임혜정, 한선희
인쇄와 제본 (주)상지사P&B

펴낸이 유문숙 | **펴낸 곳** (주)도서출판 보리 | **출판 등록** 1991년 8월 6일 제9-279호
주소 (10881) 경기도 파주시 직지길 492
전화 031-955-3535 | **전송** 031-950-9501
누리집 www.boribook.com | **전자우편** bori@boribook.com

ⓒ 허정숙, 2023

이 책의 내용을 쓰고자 할 때는 저작권자와 출판사의 허락을 받아야 합니다.
잘못된 책은 바꾸어 드립니다.
값 18,000원

보리는 나무 한 그루를 베어 낼 가치가 있는지 생각하며 책을 만듭니다.

ISBN 979-11-6314-315-4 73700

이 책은 '2023 만화 출판 지원사업' 선정작으로 한국만화영상진흥원 지원으로 제작되었습니다.

제품명: 도서 제조자명: (주)도서출판 보리 주소: (10881) 경기도 파주시 직지길 492 전화번호: (031) 955-3535 제조년월: 2023년 7월 제조국: 대한민국 사용연령: 8세 이상
주의사항: 책의 모서리가 날카로우니 다치지 않게 주의하세요. KC 마크는 이 제품이 공통안전기준에 적합하였음을 의미합니다.